AF371063

MES BOTTES NEUVES,

COMÉDIE-VAUDEVILLE EN UN ACTE,

PAR MM. COGNIARD FRÈRES.

REPRÉSENTÉE POUR LA PREMIÈRE FOIS, SUR LE THÉATRE DU PALAIS-ROYAL,
LE 12 MARS 1837.

« De petites causes produisent souvent de grands effets. »

Dis donc, elles sont bien étroites? — Oh! ce n'est rien, ça se fera.

PARIS,

NOBIS, ÉDITEUR, RUE DU CAIRE, N° 5.

—

1837.

Personnages.   Acteurs.

RICHARD DUBOURG. (48 ans.   MM.   DORMEUIL.
RAYMOND DUBOURG, son frère. (50 ans.   LEMÉNIL.
MARTIAL, fils de Raymond.   LEVASSOR.
LAMBERT, bottier.   LHÉRITIER.
CAROLINE, fille adoptive de Richard   Mmes WEIS.
CHARLETTE, domestique de Richard   LEMÉNIL.

La Scène se passe chez Richard.

J. B. MEYREL, Passage du Caire, 54.

MES BOTTES NEUVES,

COMÉDIE-VAUDEVILLE EN UN ACTE.

Un salon bourgeois. **A gauche**, une table recouverte d'un tapis. **A droite**, premier plan, une autre table, fauteuils, bergères, etc.

SCÈNE I.

LAMBERT, CHARLETTE.

Au lever du rideau, Charlette range dans le salon. Lambert parait à la porte du fond, tenant à la main une paire de bottes neuves.

LAMBERT.

Êtes-vous seule, M\u1d48\u02e1\u1d49 Charlette?

CHARLETTE.

Ah! c'est vous, Lambert... entrez donc... j'avais une peur terrible de vous voir en retard avec les bottes de M. Richard... il aurait fait un beau train!

LAMBERT.

Oh! oh! n'y a pas de danger que je lui manque de parole, à votre bourgeois... ah ben! si ça m'arrivait... malgré tout le bonheur que j'ai à vous voir, M\u1d48\u02e1\u1d49 Charlette... ce n'est pas moi qui apporterait la marchandise... voyez-vous...

CHARLETTE.

Et pourquoi?

LAMBERT.

C'est un homme si nerveux que ce M. Richard... pour un rien, il bougonne, il jure, il s'enlève... quelquefois même il abuse de ses gestes.

CHARLETTE, riant.

Bah!.. est-ce qu'il en aurait fait usage vis-à-vis de vous?..

LAMBERT.

Parfaitement bien... vous ne pouvez pas savoir ça, vous M\u1d48\u02e1\u1d49 Charlette, il n'y a que deux ans que vous êtes ici... et en voilà bientôt six que je chausse la maison, moi. Imaginez-vous qu'un jour... il y a de ça... ah! c'est particulier... il y a juste trois ans aujourd'hui... ce jour-là donc, M. Richard me commande une paire de bottes à revers... on en portait alors... je ne sais pas ce que j'avais dans les oreilles, ce jour-là, mais je comprends qu'il m'avait commandé des bottes à l'écuyère... ça rimait... ce qui m'avait complètement abusé... Je fais donc ma commande, et j'arrive avec mes bottes à l'écuyère... de l'ouvrage à se mettre à genoux devant; M. Richard était assis là... il lisait son journal... impatient de voir l'effet de ma marchandise, je lui saisis la jambe droite, et je la plonge dans ma botte... là-dessus il l'examine; qu'est-ce que c'est que ça? qu'il s'écrie!.. monsieur, c'est vos bottes à l'écuyère, et j' dis que celle-ci vous va comme un gant... Oui, elle ne va pas mal, qu'il répond... mais retourne-toi donc... moi, bêtement je me retourne... et v'lan!.. il me campe le coup de pied le plus vigoureux!

CHARLETTE, riant.

Ah! ah! ah! ce pauvre Lambert... comme il a dû être mortifié!

LAMBERT.

Ce n'est pas tant que ça m'a humilié, mais ça m'a fait un mal horrible, au point que pendant huit jours, les chaises m'ont été tout-à-fait inutiles. Aussi depuis ce temps-là, je lui fais répéter tout ce qu'il me dit, deux et même trois fois... ça l'impatiente, mais je cours moins de risques...

CHARLETTE.

Et vous ne lui apportez plus de bottes à l'écuyère?

LAMBERT.

Oh! il n'y a pas de danger; j'aurais trop peur de le mécontenter... aujourd'hui surtout, car c'est aujourd'hui, M\u1d48\u02e1\u1d49 Charlette, que d'après votre approbation... je vas demander votre main à M. Richard... je vous aime follement, vous me correspondez... faut pas rougir pour ça... vous avez de bon gages, vous comprenez l'anse du panier... moi, de mon côté... je suis à la tête de trente-deux paires de bottes, d'une petite boutique, ici près.. et d'une jolie clientelle... autrefois on disait pratiques, mais c'est trivial... de sorte que si votre bourgeois y consent...

CHARLETTE.

Je ne m'y opposerai pas, M. Lambert... Mais tâchez de le prendre dans un bon moment... sans quoi, il refusera net. Je vous ai engagé à parler aujourd'hui, parce que depuis quelques jours, il est d'une humeur charmante, c'est au point que son frère, M. Raymond, n'a pas été prendre l'air une seule fois depuis huit jours.

LAMBERT.

Comment ça, prendre l'air?

CHARLETTE.

Sans doute... Lorsque M. Richard a ses humeurs, M. Raymond qui, lui, ne s'est pas mis en colère une seule fois dans sa vie, me dit tranquillement: Charlette, mon frère se fâche, donne-moi mon chapeau, que j'aille prendre l'air... il sort et ne rentre qu'après que l'orage est passé; mais depuis que mon maître est calme, ce bon M. Raymond ne me demande plus son chapeau, et il reste à la maison pour faire la partie de cartes, en famille, avec M. Martial, son fils, et Mlle Caroline, la fille adoptive de monsieur.

LAMBERT.

Pour lors, je vas me risquer aujourd'hui...ah! mamzelle Charlette...quel bonheur si ça marche sans anicroche... moi votr' mari!.. moi! vous faire porter mon nom!.. moi vous jurer égard et protection... rien que d'y penser!.. Mlle Charlette, ça vous est-il égal que je vous embrasse?

CHARLETTE.

Non, non, M. Lambert : après, tant que vous voudrez... mais avant, non!

LAMBERT.

Au point où nous en sommes, vous ne pouvez pas me refuser ça... Je vous le demande comme un gage du oui que vous prononcerez avant peu.

Air du Premier prix.

Bientôt, vous s'rez ma petit' femme,
Chez moi, vous port'rez vos effets,
Dans ma boutique et dans mon ame,
N'habit'rez-vous pas, desormais?
C'est votr' log'ment, à tout jamais.
Toujours, avant qu'on emménage,
Belle Charlette, en tout temps, en tout lieu,
Vous le savez, il est d'usage,
De donner le denier à Dieu,
Donnez-moi le denier à Dieu.

CHARLETTE.

Comme ça... je veux bien... prenez donc le denier à Dieu...

LAMBERT.

Ça fait qu'on ne pourra plus se dédire...   (Il l'embrasse. Martial paraît.

SCÈNE II.

LES MÊMES, MARTIAL.

MARTIAL.

Ne faites pas attention... je n'ai rien vu.

CHARLETTE, à part.

M. Martial! (Haut.) M. Martial, je vous en prie, n'allez pas croire...

LAMBERT.

Oh! oui, M. Martial nous vous en prions, n'allez pas croire...

MARTIAL.

Quand je vous dis que je n'ai rien vu. Sont-ils drôles! qu'est-ce que ça me fait...

CHARLETTE.

D'abord... il m'a embrassée à mon corps défendant.

MARTIAL.

Mais puisque je me tue de te dire que je n'ai rien vu. Rassurez-vous, mes amis, je suis un bon diable. Mais dis-moi, Charlette, as-tu vu papa, ce matin? Mlle Caroline est-elle déjà venue travailler à son aquarelle.

CHARLETTE.

Je n'ai pas encore vu M. Raymond, mais Mlle Caroline est en bas dans le jardin où elle choisit des fleurs pour finir son bouquet... et tenez, j'crois que je l'entends.

MARTIAL.

Alors, Charlotte, laisse-moi... Vous aussi, Lambert... et s'il vous arrivait comme tout à l'heure... soyez persuadés d'avance... que je n'y verrai rien.

LAMBERT.

J'vas attendre à la cuisine que M. Richard soit levé.

MARTIAL.

Allez, bottier.

ENSEMBLE.

Air du Cheval de bronze.

MARTIAL.	LAMBERT et CHARLOTTE.
Adorez-vous,	Adorons-nous,
Embrassez-vous,	Embrassons-nous,
Point de crainte,	Point de crainte,
Point de contrainte.	Point de contrainte.
Heureux amans,	Heureux amans,
Soyez constans,	Soyons constans,
Et tâchez de l'être long-temps.	Et tâchons de l'être long-temps.

SCENE III.

MARTIAL, CAROLINE.

MARTIAL.

La voilà... Dieu! est-elle fraîche, ce matin; elle fait tort aux fleurs qu'elle porte... elle embellit à vue d'œil, ma parole!

CAROLINE, entrant par la droite.

Oh! c'est vous, monsieur, vous êtes bien aimable, vraiment.

MARTIAL.

Caroline, pourquoi cet accueil glacial?.. J'accours gai comme pinçon, et vous me recevez... d'un air... qu'y a-t-il donc?

CAROLINE.

Pourquoi, monsieur, ne vous a-t-on pas vu hier au soir?.. M. Bonnard, le chef de division du ministère est venu rendre visite à votre oncle...

MARTIAL.

Bah! vraiment?

CAROLINE.

On espérait vous présenter à lui... quand on sollicite une place dans un ministère, c'est une autorité qu'un chef de division... il a eu la complaisance de vous attendre fort tard... mais monsieur n'est pas venu...

MARTIAL.

Oh! c'est déplorable, déplorable!.. Et qu'a dit mon oncle Richard? il a dû bien crier... hein?..

CAROLINE.

Il s'est allé coucher fort en colère, et c'est votre père qui a payé pour vous...

MARTIAL.

Pauvre papa... il a bon dos... heureusement qu'il est fait à cela... je ne le vois jamais plus tranquille que lorsque mon oncle est furieux... c'est l'eau et le feu... Savez-vous, Caroline, qu'il a un caractère horriblement peu agréable, mon oncle Richard?.. Dieu! Caroline, que je vous plains d'avoir passé votre enfance auprès de lui...

CAROLINE.

Ah! taisez-vous, Martial... il faudrait que je fusse bien ingrate, pour me plaindre; moi, pauvre orpheline, recueillie, adoptée par votre oncle... croyez-moi, Martial, malgré ses défauts, M. Richard est un digne et excellent homme... dévoué à son frère, à vous...

MARTIAL.

Dévoué!... dévoué!.. je le veux bien... mais cependant...

CAROLINE.

Oh! je sais ce que vous m'allez dire... Oui, sans doute, il eut de grands torts envers sa famille... laisser votre pauvre père commis de bureau à Lyon, tandis qu'il était riche et heureux... et puis, adopter un enfant...

MARTIAL.

Caroline... brisons là... je n'ai pas prétendu...

CAROLINE.

Mais depuis deux ans, que n'a-t-il pas fait pour expier son oubli... son amitié, ne vous l'a-t-il pas rendue ?.. et cette fortune que je ne demandais pas... cette fortune promise tout entière à sa fille adoptive... ne peut-elle... se partager ?..

MARTIAL.

Oh! ma Caroline, vous pouvez accepter, car je connais les intentions de mon oncle, il veut nous marier.

CAROLINE.

Eh bien! l'accusez-vous encore?

MARTIAL.

Oh! non, c'est une excellente pâte d'oncle.

CAROLINE.

Quel mal il se donne pour vous trouver une bonne place... pour vous procurer une position honorable.

MARTIAL.

C'est un ange!

CAROLINE.

Tout cela ne rachète-t-il pas un peu ses torts passés.

MARTIAL.

C'est un Dieu!

CAROLINE.

Si parfois son caractère est irritable, ne savons-nous pas qu'au fond, il est bon...

MARTIAL.

Au fond, c'est un vrai mouton!

CAROLINE.

Allons, monsieur, venez me voir travailler à mon aquarelle.

(Elle va vers la table à gauche.)

MARTIAL.

Volontiers... les beaux dalhias!

CAROLINE.

Ce sont les fleurs favorites à M Raymond!

MARTIAL.

Pauvre papa... comme il sera enchanté!.. C'est presque fini!

CAROLINE.

Encore une fleur.

MARTIAL.

Comme c'est nature!.. comme c'est velouté !.. j'ai un gilet en velours d'Afrique qui ressemble à ce dalhias-là.

RAYMOND, de la coulisse.

Richard, es-tu prêt? hein ?..

MARTIAL.

C'est lui! c'est papa!..

CAROLINE.

Pas un mot sur mon bouquet.

MARTIAL.

Je crois bien! il n'y aurait plus de surprise.

SCENE IV.

CAROLINE, travaillant, RAYMOND, MARTIAL.

RAYMOND.

Es-tu là, Richard?

MARTIAL.

Mon papa.

RAYMOND. Il parle pendant tout le rôle avec le plus grand flegme

Ah! c'est toi, drôle? Il va lui donner une poignée de main. Je suis très mécontent de toi, entends-tu ?..

MARTIAL, avec légèreté.

Oui, papa.

RAYMOND, tranquillement

Je suis très en colère.

MARTIAL.

Oui, papa.

RAYMOND.

Bonjour, Caroline... (A Martial.) Des chefs de divisions se dérangent pour monsieur... et l'écervelé court les champs, pendant ce temps-là.

MARTIAL.

Papa, j'étais au café... je jouais aux dominos

RAYMOND.

Ah! tu jouais aux dominos!..

MARTIAL.

Oui, j'adore ce jeu-là... c'est un jeu noble et plein de combinaisons hardies; mais hier, j'avais un rare guignon! Figurez-vous que j'ai eu trois fois de suite le double-six, sans pouvoir le placer, et comme un fait exprès l'autre avait toujours le double-blanc... heureusement que je suis d'une très grande force... On s'imagine que c'est un jeu facile... quelle erreur!

AIR : Quelque regret qu'on ait, ma belle.

Il faut savoir cacher son trouble,
Afin de bien placer son double ;
Car l'important, aux dominos,
C'est de pouvoir passer les gros.

RAYMOND.

J'en conviens c'est très difficile,
Mais je trouverais plus habile,
De te placer, monsieur mon fils,
Que de placer ton double-six. (bis.)

MARTIAL.

Mais, papa, je ne pouvais pas deviner que ce monsieur viendrait hier.

RAYMOND.

Ça n'empêche pas que ton oncle était furieux ; et comme il craignait d'aller trop loin, en te morigénant ce matin... il m'a chargé de te gronder très fort... et je te gronde très fort, entends-tu.

MARTIAL.

Oui, papa.

RAYMOND.

Là ; à présent que je t'ai grondé, tu sauras que ça va très bien... M. Bonnard, ce chef de division, te porte beaucoup d'intérêt, Richard doit l'aller voir ce matin, au ministère... et ce soir, sans doute tu seras nommé.

MARTIAL, avec explosion.

Je serai nommé!!! je serai nommé!!! et vous me dites ça comme ça?.. sans plus d'émotions... En vérité, papa, vous êtes un homme à mettre sous cloche... avec votre tranquillité... mais c'est une place magnifique!

RAYMOND, très lentement.

Aussi, j'en suis ravi. Il est inutile pour te prouver ma satisfaction que je me mette à galoper.

MARTIAL.

J'aurai donc une place!.. de la considération!.. Secrétaire au ministère de la marine... Monsieur le secrétaire Martial!.. Caroline, cela vous flatte-t-il?.. il me semble que cela doit vous flatter? Caroline?.. secrétaire de la marine! Je me ferai faire un beau cachet avec des rames et un mât de perroquet!

CAROLINE.

Est-ce que cet emploi vous tiendra dehors toute la journée?

MARTIAL, avec importance.

Ah dame!.. quand on est secrétaire!.. que voulez-vous, les travaux d'un ministère... quand on est au ministère.

RAYMOND, à Caroline.

Sois tranquille, ma bonne petite, nous trouverons, moyen de lui faire désirer la maison. (Il va vers l'aquarelle.) Oh! oh! comme ton bouquet est avancé! c'est charmant! les beaux dalhias! il faudra les faire encadrer, entends-tu, et les accrocher dans le salon... bien en vue... c'est joli, joli!.. (Examinant Martial et Caroline qui sourient en se regardant.) Qu'est-ce que vous avez donc à vous regarder, hein?

MARTIAL.

Rien, papa, rien.

RAYMOND, regardant à sa montre.

Oh! déjà dix heures, et Richard n'est pas encore habillé!.. Ce pauvre frère, je suis sûr que ça l'ennuie beaucoup d'aller solliciter... (A Martial.) Il faut que ce soit pour toi, par exemple!.. Et de quelle humeur est-il ce matin?

CAROLINE.

D'une humeur charmante.

RAYMOND, avec une grande satisfaction.

Ah! tant mieux!

MARTIAL.

Oui, d'autant que ça n'arrive pas souvent.

RAYMOND.

Veux-tu te taire?

MARTIAL.

Vous ne direz pas le contraire, peut-être.

RAYMOND.

Veux-tu te taire?.. puisqu'on te dit qu'il est d'une humeur charmante.

RICHARD, de la coulisse; il sonne d'abord avec violence; appelant.

Charlette? mon habit?.. Charlette? Charlette?.. il n'y a donc personne ici?
              Il sonne plus fort.

MARTIAL, riant.

Ah! ah! elle est jolie, sa belle humeur?

RAYMOND.

Mais tais-toi donc. (A Caroline.) Qu'est-ce que tu nous disais donc, qu'il était d'une humeur...

Richard entre vivement; il est habillé pour sortir, seulement il a gardé ses pantoufles et sa robe de chambre.)

SCÈNE V.

Les Mêmes, RICHARD, puis, peu à près, CHARLETTE, qui entre quand on l'appelle.

RICHARD.

Ha ça, on se moque donc... (Il aperçoit ses parens et sourit, oubliant tout à coup sa colère. Tiens... vous ici, mes bons amis... bonjour, Raymond. (Il lui serre la main. Bonjour, Martial.

MARTIAL.

Bonjour, m'n oncle.   Il va lui donner la main.

RICHARD.

Nous t'avons attendu hier au soir.

MARTIAL, à part.

Aïe, aïe, aïe!

RICHARD.

Pendant que nous faisions tes affaires, tu étais sans doute à t'amuser? Martial fait un mouvement négatif. Tu as bien fait, mon garçon, et nous, de notre côté, nous avons bien fait aussi: n'est-ce pas, frère?

RAYMOND, joyeux.

C'est à dire que c'est toi tout seul qui as arrangé cette affaire-là. (Bas à Caroline. Il est charmant, tu avais raison.

RICHARD, tenant son frère sous un bras, et Martial sous l'autre *.

Mes bons amis, que je suis donc heureux de vous avoir ainsi, près de moi...

RAYMOND.

Et nous donc?

RICHARD.

Oh! vous ne pouvez comprendre combien ce jour me semble beau!.. mon bon Raymond, toi que j'ai si long-temps méconnu!.. toi envers qui j'ai été si injuste!

RAYMOND.

Veux-tu me faire un plaisir, hé bien! c'est de ne jamais parler de ces choses-là.

RICHARD.

Oh! si... j'en veux parler... souvent... jamais je n'oublierai le passé, il me rendra meilleur pour l'avenir. J'étais riche, et mon frère était pau-

____

* Caroline, Raymond, Richard, Martial.

vre, et je ne le secourais point... et n'écoutant qu'une aveugle rancune,
trop fier et trop dur pour faire le premier pas vers une réconciliation, je
mis le comble à mes injustices, en adoptant une fille qui put vous ravir
mon héritage... Oh! viens près de nous, ma Caroline... je ne regrette pas
ce que j'ai fait pour toi, au moins! douce et bonne jeune fille, car c'est
toi qui la première m'a ouvert les yeux sur mon affreuse conduite... Ah!
pourquoi vous ai-je rappelés aussi tard!.. ce sera, voyez-vous, un remords
perpétuel.

RAYMOND, qui a essuyé une larme.

Quand tu auras fini de dire des bêtises, hein?

MARTIAL, s'attendrissant aussi.

C'est vrai, m'n oncle... ce sont des bêtises!..

RAYMOND.

Comme si nous ne te devons pas déjà assez...

MARTIAL.

Certainement...

RICHARD.

Vous?..

Air de Préville et Taconnet.

Oh! mes amis, ne parlez pas ainsi!
Quand sur mon cœur, tous les deux, je vous presse
C'est moi, moi seul qui dois dire merci,
C'est à moi de parler d'amour et de tendresse.
Quand au bonheur, par vous je suis rendu,
Pour vous forcer d'oublier mes rudesses,
Pour réparer, enfin, le temps perdu,
Oui, je vous dois le double de caresses.   (bis)

Grace à Dieu, tout peut se réparer... et bientôt...

MARTIAL.

Bientôt...

RICHARD, à Martial.

Si tu obtiens cette place que nous sollicitons...

MARTIAL.

Hé bien?

RICHARD.

Cela te donne une position dans le monde... alors, tu deviens bon à marier... qu'en dis-tu, Caroline?

CAROLINE.

Je pense comme vous, mon ami.

MARTIAL.

Ah! Caroline! ah! mon oncle! ah! papa!.. c'est trop de joie, de satisfaction, de bonheur et de contentement!.. et je suis le plus fortuné secrétaire!..

RICHARD.

Un instant, tu ne l'es pas encore... songe bien que ton mariage dépend
de ta place; c'est une condition SINE QUA NON.

MARTIAL.

Heureusement que vous en êtes sûr; n'est-ce pas m'n oncle, vous en
êtes sûr... à peu de chose près?..

RICHARD.

C'est ce que je vais voir...

RAYMOND.

Oh! oui, Richard, ne perds pas de temps; as-tu tout ce qu'il te faut?
qu'est-ce que tu demandais, tout à l'heure?

RICHARD.

Quand ça?

RAYMOND.

Dans ta chambre, pendant que tu...

(Il fait le signe d'un homme qui sonne avec colère.)

RICHARD.

Qu'est-ce que tu veux dire?

RAYMOND.

Tu sais bien. tu faisais aller la... (Même jeu.) et tu appelais très fort.

RICHARD.

Ah! oui, ce sont des bottes que je demandais...

RAYMOND.

Très bien. (Il appelle.) Charlette, Charlette?..

CHARLETTE.

Voilà, monsieur.

RICHARD.

Mon habit? des bottes?..

CHARLETTE.

Oui, monsieur : justement. Lambert est en haut, il vous en apporte des neuves, je vas vous l'envoyer.

RICHARD.

Dépêche-toi.

CHARLETTE.

Ça fait qu'il profitera de l'occasion.

RICHARD.

Ah! mon portefeuille... Il est dans ma chambre à coucher...

MARTIAL.

Voulez-vous que j'aille le chercher, m'n oncle?

RICHARD.

Volontiers, mon ami... Ah! en même temps, fais-moi le plaisir de me copier la note dont le brouillon est sur mon bureau... c'est pour le sous-chef.

MARTIAL.

Je vais vous mouler ça. (A part.) Il est doux comme un écureuil! (Bas à Caroline.) Ah! Caroline, le joli horizon que nous avons devant nous!.. ah! Caroline, le joli horizon !   (Il entre à gauche.)

RICHARD, qui a regardé à sa montre.

Onze heures!.. Pourvu qu'il y ait des cabriolets sur la place...

RAYMOND.

Sais-tu? plutôt que d'y envoyer Charlette, qui serait un siècle, je vais descendre et je t'en amènerai un.

RICHARD.

Pardon, de te déranger !

RAYMOND.

Je te conseille de me remercier, quand c'est pour moi. (A part.) Quel bonheur qu'il soit d'une aussi belle humeur !   (Il sort.)

RICHARD.

Toi, ma Caroline... prépare-moi un petit verre de Madère; je n'ai encore rien pris d'aujourd'hui, et ça me soutiendra.

CAROLINE

Je cours vous le chercher, mon bon ami... Oh! comme vous êtes gentil, aujourd'hui.

RICHARD, l'embrassant.

Tu es donc contente de moi?

CAROLINE.

Oh! oui, bien contente... et bien heureuse. (Elle va au fond.) Voici monsieur Lambert.   (Elle sort par la porte de droite.)

SCÈNE VI.

RICHARD, LAMBERT, portant des bottes.

RICHARD, s'asseyant à droite.

Ah! te voilà, Lambert.

LAMBERT.

Vous êtes bien bon, monsieur, et la vôtre.

RICHARD.

Tu es exact, c'est bien.

LAMBERT.

Monsieur?

RICHARD.

Je dis que tu es exact, c'est très bien.

LAMBERT.

Oh! je sais que monsieur n'aime pas qu'on se trompe.

RICHARD.

Ah! ah! tu te souviens encore des bottes à l'écuyère.

LAMBERT.

Monsieur?

RICHARD.

Je dis que tu te souviens des bottes à l'écuyère.

LAMBERT.

Ah! oui, monsieur... j'ai la mémoire de ces choses-là.

RICHARD.

Hé bien, mon garçon, comment va ton commerce? ta boutique commence-t-elle à être un peu achalandée?

LAMBERT.

Vous êtes bien bon, M. Richard... ça va pas trop mal... l'ouvrage donne assez... mais je m'ennuie... tout seul dans ma boutique... et je crois que si je pouvais... me... si je pouvais me marier.

RICHARD.

Ah! oui, je sais... Caroline, je crois, m'a parlé de cela... Donne-moi mes bottes.

LAMBERT, l'aidant à mettre ses bottes.

Ça se pourrait! quoi M. Richard, vous saviez... hé bien! oui, c'est mamzelle Charlette que j'adore...que je voudrais la prendre pour ma femme... et si vous le permettiez, tout en continuant son service chez vous, M. Richard... sans vous gêner en rien, elle pourrait devenir mam' Lambert.

RICHARD.

Hé bien! mon garçon, puisque ça vous convient à tous les deux... c'est une affaire qui pourra peut-être s'arranger... nous en recauserons... donne-moi l'autre.

LAMBERT, apprêtant l'autre botte.

Voilà, M. Richard, voilà... ah! quel bonheur! d'un cuir excellent, comme vous voyez... je vas-t-y être heureux! avec des talons plats... (A part.) Charlette va être aux anges!

RICHARD, frappant du pied.

Dis donc, dis donc.. elles sont bien étroites tes bottes? Tu sais pourtant que je n'aime pas être gêné?.. j'ai les pieds délicats...

LAMBERT.

Oh! ce n'est rien, ça se fera.

RICHARD.

Ça se fera, ça se fera... vous dites toujours cela, vous autres.

LAMBERT.

Elles vous chaussent joliment bien!

RICHARD.

C'est possible! mais elles me font souffrir.

LAMBERT.

Vous n'aurez pas fait quatre pas, que vous serez comme dans du velours... Dieu !.. le joli pied que ça vous fait.

RICHARD.

Je me soucie bien d'avoir un joli pied, si je souffre... d'autant plus que je crois que le temps va changer. (Il se promène en frappant légèrement du pied.)

LAMBERT, le suivant.

Une fois au bout de la rue, vous n'y penserez plus; vous en serez content, vous verrez... (A part.) Faut que j'aille apprendre à Charlette... (Haut.) Ainsi donc, M. Richard, je puis compter que vous ne vous opposerez pas...

RICHARD, qui ne l'écoute pas.

L'heure avance... et voilà qu'ils me font attendre.

LAMBERT, plus haut.

N'est-ce pas, M. Richard, je puis compter que vous ne vous opposerez pas à ce que...

RICHARD.

C'est bon, c'est bon... laisse-moi tranquille.

LAMBERT.

Oui, M. Richard, oui... c'est qu'on est bien aise... d'être à peu près sûr... quand il s'agit d'affaires aussi majeures...

RICHARD.

Assez te dis-je... quel bavard!.. voyons, laisse-moi.

LAMBERT, à Richard, qui l'écoute avec impatience.

Oui, M. Richard... je vous salue bien... je prendrai la liberté de revenir pour la chose en question...

Pendant cette scène, Richard va de droite à gauche, et Lambert le suit tout en lui parlant

RICHARD, impatienté.

Assez, assez!..

LAMBERT.

Oui, M. Richard... (A part.) Il n'a pas l'air aussi gracieux que tout à l'heure.
Adieu M. Richard, je vous salue bien.   (Il sort.)

SCÈNE VII.

RICHARD, seul.

Va-t-en au diable!.. j'ai cru qu'il n'en finirait pas, avec ses saluts et ses
adieux... soyez bon avec ces gens-là, et vous les rendez insupportables...
Allons, me voici prêt, et Raymond ne revient pas... et Martial ne revient
pas... on dirait qu'ils se donnent le mot à qui ira le plus lentement... (Il frappe
du pied en faisant une petite grimace.) Cet imbécile qui me dit que ça se fera...
Je ne vois personne; vous verrez qu'ils me feront manquer l'heure de mon
rendez-vous... (Il se promène à grands pas.) J'aurais été dix fois à la place des
cabriolets... mais mon cher frère, lui, il se croirait compromis s'il se hâtait,
je ne comprends pas qu'on soit de cette pâte-là... (Il sonne fortement.) Voyez
si l'on répondra... (Il sonne de nouveau.) Ils veulent me faire damner!

SCÈNE VIII.

RICHARD, CHARLETTE, puis l'un après l'autre CAROLINE, RAYMOND et MARTIAL.

(Charlette accourt tenant à la main le chapeau de Richard qu'elle brosse.)

CHARLETTE.

Monsieur appelle?..

RICHARD.

Monsieur appelle!.. monsieur appelle!.. Vous vous moquez du monde,
sans doute... voilà la dixième fois que j'appelle!

CHARLETTE.

Pardon, monsieur, c'est que j'étais en bas avec Lambert.

RICHARD.

Eh que m'importe! que vous soyez avec Lambert ou avec tout autre.

CHARLETTE, tout en brossant le chapeau.

Il me disait que monsieur avait eu la bonté de lui permettre de m'épou-
ser... qu'il avait la parole de monsieur...

RICHARD.

Il a menti... je n'ai fait aucune promesse... je n'ai pas dit non, cela est
vrai; mais je n'ai pas dit oui, non plus... votre service, d'ailleurs, ne se
fait pas trop bien, il me semble... et il faudrait que je fusse plus satisfait...

CHARLETTE.

Mais, monsieur...

RICHARD.

Allons, c'est bon... donnez-moi mon chapeau que vous balottez là, et
que vous abimez à coups de brosse.

CHARLETTE, à part.

Monsieur vient de marcher sur une mauvaise herbe, bien sûr.

RICHARD.

Pour le coup c'est trop fort!.. Ah! enfin, voilà quelqu'un...

CAROLINE, avec un verre sur un petit plateau qu'elle pose à droite.

Mon ami, voici votre verre de Madère.

RICHARD.

Merci bien, je n'en veux plus.

CAROLINE.

Pourquoi donc?

RICHARD.

Pourquoi?.. parce que je n'en veux plus... il me semble que c'est une
raison suffisante... il y a trop long-temps que je l'attends ce verre de Madère, pour le désirer encore.

CAROLINE.

Je suis fâché de vous avoir fait attendre, mon bon ami, mais j'ai été
obligée d'en envoyer chercher à la cave.

RICHARD.

A la cave! à la cave!.. et Martial, est-ce à la cave aussi qu'il est allé
chercher mon portefeuille, et Raymond est-ce aussi à la cave qu'il est allé

prendre un cabriolet?.. l'heure s'écoule, je suis en retard et l'on dirait
que vous vous entendez tous pour m'impatienter.

RAYMOND, entrant d'un air satisfait.

Ah !..

RICHARD, le contrefaisant.

Ah !.. ça n'est pas malheureux... sans doute, tu reviens de la Bastille ou
de la Magdeleine ?..

RAYMOND, tranquillement.

Est-ce que tu m'avais envoyé à la Bastille ou à la...

RICHARD.

Je t'avais envoyé à la place des cabriolets et j'aurais eu le temps d'y aller cent fois.

RAYMOND.

Je vais te dire... je suis allé à la place...

RICHARD.

Eh parbleu! je te crois... tu y a mis le temps.

RAYMOND.

Ce n'est pas tout... je suis allé à la place, et il n'y avait plus de voitures,
il ma donc fallu courir à une autre place...

RICHARD.

Courir! toi, tu as couru!.. c'est donc la première fois de ta vie... et enfin... enfin... le cabriolet est en bas?..

RAYMOND.

Non.

RICHARD.

Comment, non?.. tu es revenu sans voiture... Ah! ça tu veux donc me
faire sauter au plafond?..

RAYMOND.

Je n'ai jamais eu cette idée-là... Mais l'autre place était déserte comme
la première... et à l'impossible nul n'est tenu.

RICHARD.

Allons, allons, c'est décidé, tout ira de travers, me faire attendre une
heure!.. et cela pour venir me dire : Je n'ai rien trouvé.

RAYMOND.

A l'impossible... nul n'est tenu... que veux-tu, ce n'est pas ma faute...
si tu m'en crois, tu partiras à pied, sans plus tarder... et je te conseille de
te munir d'un parapluie, car il tombe de grosses gouttes...

RICHARD, frappant du pied, à part.

De la pluie... bon, il ne me manquait plus que cela!.. qu'il y a des gens
heureux avec leur flegme!.. (Haut.) Voyons... et mon portefeuille?.. pour-
rai-je l'avoir au moins, et partir...

RAYMOND.

Comment, tu n'as pas encore ton portefeuille?..

MARTIAL, accourant.

Le voilà! le voilà!.. m'n oncle, avec votre note joliment copiée...

RICHARD.

C'est bon, donne.

MARTIAL.

Ça a l'air d'être lithographié!

RICHARD, fortement.

Me donneras-tu cette note!

MARTIAL, la donnant.

Certainement, certainement, m'n oncle... c'est pas moi qui veux vous
retarder... Oh Dieu!.. je suis sur de la braise... sur de la chaux vive!.. du
reste, vous ne trouverez pas d'obstacles, n'est-ce pas mon oncle!

(Raymond fait signe à Martial de se taire et cela derrière le dos de Richard.)

RICHARD, brusquement à Martial.

C'est bon! ça ne te regarde pas.

(Il examine si les papiers sont en ordre dans son portefeuille.)

MARTIAL.

Faites-moi donc le plaisir, mon oncle, de demander à quelle heure, au
juste, il faudra que je sois au ministère, que ça ne soit pas trop tôt, hein!..
et à quelle heure j'en pourrai sortir...tâchez que ce ne soit pas trop tard...
Oh Dieu! quel bonheur! c'est-à-dire que ça me rend si joyeux que j'en
danserais la Cachouca... si ça n'était pas un peu leste... c'est-à-dire...

RICHARD.

C'est-à-dire, c'est-à-dire que vous êtes un sot de divaguer ainsi... et de vous regarder comme possesseur d'une place que vous n'aurez peut-être jamais...

MARTIAL.

Je ne l'aurai pas!.. vous m'abîmez!

RICHARD, vivement.

Vous vous figurez qu'on obtient comme on veut des places pareilles... quand vingt autres postulent pour leurs protégés... quand vous vous liguez tous pour me tourmenter et m'empêcher de sortir... quand il pleut à verse, quand je suis en retard, et que je ne puis avoir un malheureux cabriolet... (A part.) Et puis ces maudites bottes.   (Il fait la grimace.)

MARTIAL.

Vous n'avez pas de cabriolet?..Je cours vous en chercher trois, six, neuf!

RICHARD, le repoussant.

Allez tous au diable... et laissez-moi!   (Il sort brusquement.)

SCÈNE IX.
MARTIAL, CAROLINE, RAYMOND, CHARLETTE.

(Ils se regardent un moment sans rien dire, puis Raymond rompt le silence, en fredonnant d'un air distrait.)

RAYMOND, fredonnant.

Pum, pum, pum, pum!

MARTIAL, à part.

Ce pauvre papa qui fait semblant d'avaler ça sans y penser.

(Il avale le verre de Madère qu'on avait apporté pour Richard.)

RAYMOND, de même.

Pum, pum, pum, pum!

MARTIAL.

Oui, pum, pum, pum... c'est ça, chantez, il y a de quoi...(Avec explosion.) Voyons, là, franchement, papa, vous avez voyagé n'est-ce pas? vous avez pas mal voyagé?..

RAYMOND.

Eh bien!.. après...

MARTIAL.

Eh bien! avez-vous jamais rencontré dans vos voyages un caractère comme celui-là, c'est un vrai type de sauvage.

RAYMOND.

Tu vas encore critiquer ton oncle... tu ferais mieux de te taire.

MARTIAL.

Ah! c'est trop fort, par exemple!.. et ce qu'il y a de plus charmant, c'est que vous le défendez toujours... un homme avec lequel on ne sait jamais sur quel pied danser... Ce matin, il est brusque... un moment après, il redevient traitable, gentil... alors vous allez, vous vous livrez, vous lui parlez comme à un homme ordinaire... et puis tout à coup, crac!.. vous avez un hydrophobe devant vous...

CAROLINE.

Martial, je vous en prie...   (Elle va se mettre à son dessin.)

MARTIAL.

Ça suffit, Caroline, je me tais...

RAYMOND.

Et tu fais bien, parce que tu ne sais ce que tu dis, tu ne comprends pas ton oncle.

CHARLETTE, à part.

Moi, je suis de l'avis de M. Martial... c'est quéq' fois un hédrophobe!*

RAYMOND.

Voyez donc le grand mal, parce qu'il s'est un peu impatienté... et pourquoi s'est-il impatienté?.. parce qu'il craint d'être en retard pour obtenir la place de monsieur! c'est à cause de toi qu'il est comme ça, et c'est toi qui l'accuses... tu aimerais peut-être mieux le voir indifférent, hein?.. injuste?.. s'il nous a brusqués, c'est par excès de bonté... s'il s'est mis en colère, c'est par attachement...d'ailleurs, c'est dans la nature de tout le

---

* La Charlette rentre à gauche, pour ressortir à la fin de la scène.

monde de se mettre en colère... qui est-ce qui ne se met pas en colère?.. plus ou moins.

MARTIAL.

Vous, petit père, vous... oh! pour ça, c'est une justice à vous rendre.

RAYMOND, très tranquillement.

Moi? eh bien! c'est ce qui vous trompe, monsieur; je me mets très facilement en colère... mais chez moi, c'est interne... et si je n'éclate pas plus souvent, c'est que me crains.   (Il prend un journal qu'il parcourt.)

MARTIAL, riant.

Oh! oh! oh! eh bien! moi, je ne vous crains pas : vous, en colère!.. laissez donc, je vous connais comme si je vous avais... c'est-à-dire non... au contraire; mais tenez, Caroline, vous aller juger : Quand j'étais gamin, c'était au sortir de l'enfance, j'avais ma petite tête... et quand je faisais des niches à nos voisins... j'adorais faire des niches... il venaient se plaindre; papa alors prenait sa grosse voix et me disait devant le monde : (L'imitant.) « Monsieur le drôle, je vous mets au pain sec et au cachot!..» Cinq minutes après je sautais à la corde, et il me bourrait de gâteaux.

RAYMOND, cherchant à ne pas rire.

Mauvais sujet !

SCÈNE X.

LES MÈMES, LAMBERT, le nez à la porte.

LAMBERT.

Pardon, mademoiselle et messieurs, peut-on entrer sans indiscrétion?

CHARLETTE.

Tiens, c'est Lambert... eh bien! qu'elle mine qu'il a donc?

MARTIAL.

Que nous veux-tu?

LAMBERT.

Pardon, excuse, mademoiselle et messieurs, mais j'étais venu histoire de parler d'affaires, une minute avec Mlle Charlette, et de lui demander un peu de consolation.

CHARLETTE.

Qu'est-ce qu'il vous est donc arrivé, Lambert?

RAYMOND.

Voyons, parle... est-ce que tu serais malade? tu es tout jaune.

LAMBERT.

Jaune n'est pas le mot... mais sans le respect que je vous dois, je crois que je pleurerais volontiers comme un enfant très jeune.

MARTIAL.

C'est donc un événement dramatique?

CAROLINE.

Voyons, expliquez-vous...

CHARLETTE.

Certainement, Lambert, si l'on peut vous consoler...

RAYMOND.

Nous t'écoutons !

LAMBERT.

Vous êtes bien bons. (Après une pause.) Voilà donc que depuis ce matin j'étais gai et heureux comme un potentat, parce que M. Richard m'avait donné à entrevoir la main de mademoiselle Charlette, que je convoite en légitime, comme vous savez. Ça allait donc à ravir! Je m'abandonnais naïvement à la joie; je formais une foule de petits plans pour l'avenir, et je venais en faire part à ma future, quand voilà que je rencontre M. Richard dans l'escalier : Je grimpais comme une flèche, quatre à quatre, et comme M. Richard descendait très vite... Pan!.. je lui applique ma tête dans l'épaule gauche... et tout aussitôt, vlan!.. il me campe... en plein, comme il y a trois ans... jour anniversaire.

MARTIAL et CHARLETTE, riant.

Ah! ah! ah!

CAROLINE.

Ce pauvre garçon !

RAYMOND.

Et t'a-t-il fait bien mal?

LAMBERT.

C'était moins fort que l'autre fois, et ça ne serait rien, s'il ne m'avait pas donné un autre coup affreux dans l'estomac.

RAYMOND et MARTIAL.

Un autre coup!

LAMBERT.

Hélas oui! car en se tâtant l'épaule... Qu'est-ce que tu viens faire ici? qu'il m'demande rudement. — Dam, monsieur, j'monte voir Charlette. — Et pourquoi montez-vous voir Charlette? — Pour ce que vous savez, M. Richard, pour notre mariage, vous m'l'avez permis. — Hé ben, à présent, je vous le défends. — Comment, monsieur, vous vous dédisez. — Je vous le défends, qu'y répète; Charlette ne se mariera pas tant qu'elle sera à mon service. — Là-dessus, il disparaît, et moi je reste comme un homme qu'a reçu un coup de tonnerre. Voilà, mademoiselle Charlette, la position où nous en sommes.

CHARLETTE.

Vous avez joliment avancé les choses.

RAYMOND.

Pourquoi diable aussi, vas-tu lui fourrer la tête dans l'épaule.

MARTIAL.

Ça ne se fait pas.

CAROLINE.

Rassurez-vous, Lambert, il reviendra sur ce qu'il a dit.

LAMBERT et CHARLETTE.

Vous croyez? quel bonheur!

RAYMOND.

Vous savez bien qu'il finit toujours par faire ce qu'on désire.

LAMBERT à Caroline.

Ça s'ra bien bon à vous, mamzelle, de rapatrier les choses.

MARTIAL.

Je l'entends, je crois.

LAMBERT.

Oh! je ne veux pas qu'il me retrouve ici. Et vite, et vite... au revoir Charlette; mille remercîmens, mamzelle et messieurs, ne m'oubliez...

CHARLETTE.

Mais allez-vous-en donc.

LAMBERT.

Oui, mais par où! il va me rencontrer dans l'escalier... Ah, j'y suis, je vas monter à la cuisine, et je descends tout de suite; adieu Charlette... je m'esquive...   (Il part très vite et se rencontre avec Richard qu'il heurte à la porte.)

SCÈNE XI.

CAROLINE, RAYMOND, RICHARD, MARTIAL, CHARLETTE.

RICHARD.

Ce butor-là! c'est la deuxième fois d'aujourd'hui!

RAYMOND.

Est-ce qu'il t'aurait fait mal?

RICHARD.

Par Dieu, il s'agit bien du mal qu'on a pu me faire? Charlette?

CHARLETTE.

Monsieur?

RICHARD.

Comment se fait-il que ce Lambert est encore ici? répondez.

CHARLETTE.

Mais, monsieur... c'est parce que...

RICHARD.

Parce qu'il vous fait la cour... ce qui me déplaît... ce que je ne veux pas... Je vous déclare que si je le retrouve... je vous chasse, entendez-vous?

MARTIAL, à part.

Le vent est à l'orage.

CHARLETTE.

Mais pourtant, monsieur...

RICHARD, lui donnant son chapeau.

Taisez-vous, et sortez.

CHARLETTE.

Je m'en vas, monsieur, je m'en vas.   (Elle sort)

SCÈNE XII.

LES MÊMES, excepté CHARLETTE.

RICHARD.

Pourquoi ne peut-on pas se passer de ces gens-là!.. Hé bien! voyons, qu'avez-vous à me regarder tous les trois? hein?

RAYMOND.

Dame, tu sais bien que nous attendons quelque chose.

MARTIAL.

Oui, mon oncle... la réponse du ministre... vous savez bien.

RICHARD.

Ah! oui... la réponse du ministre! c'est là seulement ce qui vous intéresse... peu vous importe que je sois fatigué, abîmé, rompu?.. vous ne vous informez pas des allées et des venues qu'on m'a fait faire... des insolences qu'il m'a fallu supporter, depuis les employés jusqu'aux garçons de bureau... de toute la patience dont j'ai dû m'armer, pour arriver jusqu'au cabinet du chef de division... une forteresse n'est pas plus difficile à prendre d'assaut!..et une fois là...

MARTIAL.

Une fois là?..

RAYMOND.

Tu as vu M. Bonnard?

RICHARD.

Certainement que j'ai vu M. Bonnard.

CAROLINE.

Et la place?

RAYMOND et MARTIAL.

Oui, la place?

RICHARD.

La place... la place est donnée!.. c'est le ministre qui a choisi lui-même son secrétaire.

MARTIAL.

Elle est donnée! et ce n'est pas à moi! c'est un soufflet que je reçois! le ministre me donne un soufflet énorme!

CAROLINE.

Une si belle place!

RAYMOND.

Ah! c'est désolant!

MARTIAL. "

Ah! mon Dieu! mon Dieu! mon Dieu!..

RICHARD.

Oui, c'est cela, maintenant, vous allez gémir... m'obséder de vos plaintes, de vos jérémiades... Eh bien! oui, c'est fini, il n'y faut plus penser... (Il s'assied.) Au surplus, n'accusez que vous... si elle vous échappe, cette place... c'est votre faute et non la mienne.

RAYMOND.

Est-ce que nous t'accusons?

RICHARD.

Il ne manquerait plus que cela!.. Si vous vous étiez un peu remués, si vous aviez fait quelques démarches... je comprendrais vos plaintes... mais qui m'a secondé? personne. Monsieur mon frère est-il homme à faire un pas, lui? ah! bien oui!.. l'avenir de son fils en dépend... ne croyez pas que ce soit un motif suffisant!..

RAYMOND.

Ah ça! mais... dis donc, dis donc?

RICHARD.

Et monsieur que voilà... qui veut occuper une pareille place, et qui croit que pour y arriver, il faille passer par tous les cafés, et être de première force aux dominos... le beau secrétaire que cela ferait!

* Caroline, Raymond, Richard, Martial.
** Martial, Caroline, Raymond, Richard.

MARTIAL.

Mon oncle vous me traitez d'une façon...

RICHARD.

Je vous traite comme vous le méritez... et maintenant, je vous engage à ne plus compter sur la main de Caroline... son avenir m'est trop cher pour que je le confie à un écervelé tel que vous, à un homme sans occupation, un désœuvré... non, non. D'ailleurs, je vous avais prévenu, et cette place vous manquant, le mariage ne peut avoir lieu.

MARTIAL.

Est-ce possible ! est-ce bien possible !

CAROLINE, pleurant,

Ah ! mon Dieu ! (A Raymond.) Mais M. Raymond, parlez donc... parlez donc pour nous.

RAYMOND, à Caroline.

Certainement que je vais parler... cela va trop loin.

MARTIAL, avec désespoir.

Est-ce ma faute à moi si le ministre choisit lui-même ses créatures... ces ministres ont toujours les poches pleines de créatures !

RAYMOND.

Martial a raison... du moment que le ministre choisit lui-même ses créatures... nous ne pouvions pas...

RICHARD.

Fort bien... liguez-vous contre moi... (Avec force et se levant.) C'est votre faute, vous dis-je... mais à quoi bon toutes ces phrases ? je suis bien sot de vous répondre ; ce que j'ai dit est dit... quand je prends une résolution, elle est inébranlable ; vous devriez le savoir.

RAYMOND.

Ainsi donc, après avoir promis le bonheur à ses pauvres enfans... tu détruis toi-même l'avenir que tu leur as fait espérer.

RICHARD, impatienté et à part.

Quel supplice !

RAYMOND.

Réfléchis à ce que tu vas faire, Richard... ce matin encore tout paraissait décidé, convenu... et voilà qu'à présent...

RICHARD.

Voilà qu'à présent, j'ai changé d'idée... après...

RAYMOND.

Voyons, ne t'emporte pas... sur un point, je suis de ton avis... certes, un jeune homme qui se marie doit avoir une position, une profession, une place quelconque... c'est plus convenable ; c'est même nécessaire... mais une fois marié... Martial peut chercher... nous trouverons moyen de l'occuper... car je pense bien que ce n'est pas à cause des appointemens que tu désirais le voir arriver au secrétariat.

RICHARD.

Et... pourquoi pensez-vous cela ?

RAYMOND.

Parce que ta fortune te met à même...

RICHARD.

Ma fortune !.. ah ! voilà le grand mot lâché !.. ma fortune !.. vous ne savez donc pas que ce n'est qu'à force de travail et de privations que je l'ai acquise, ma fortune ?

RAYMOND.

Je ne te dis pas le contraire...

RICHARD.

Hé bien ! alors, contentez-vous donc d'en jouir, et d'en manger votre part... puisque vous n'avez pas eu l'esprit de faire comme moi... et veuillez m'épargner vos conseils...

RAYMOND, indigné.

Richard !

MARTIAL, en même temps que son père.

Mon oncle !

RICHARD, se jetant dans un fauteuil.

Ah ! tenez, brisons là...

RAYMOND, avec force.

Non pas... car ce que tu viens de dire là est insultant pour moi... (Une pause ; cherchant à se calmer.) Frère, tu es fâché de ce que tu as dit, n'est-ce pas?.. tu ne me réponds pas?.. mais fais donc attention que tu viens de me faire sentir que j'étais à ta charge.

RICHARD.

Hé... prends-le comme tu voudras...

RAYMOND.

Oh! ce que tu fais là est infâme... jusqu'à ce jour tu fus pour nous impérieux et bourru... à présent, tu es un méchant homme!.. Ah!.. nous sommes à ta charge... ah! nous mangeons ton bien... car c'est ce que tu as voulu dire, n'est-ce pas?.. je ne me suis pas trompé, je n'ai pas mal entendu...

CAROLINE, allant vers Richard.

Mon ami...

RICHARD.

Laissez-moi !

RAYMOND, avec force.

Ah! c'est trop fort!.. Martial, prépare-toi à me suivre...

MARTIAL.

Où cela, père?

RAYMOND.

Je n'en sais rien encore... mais nous serions des lâches, si nous restions une heure de plus dans cette maison.

CAROLINE, à Raymond.

Mon ami, calmez-vous...

RAYMOND.

Laisse-moi, mon enfant, ne me retiens pas... (A Richard.) Ah! nous sommes à ta charge... Oh! garde ta fortune!.. jouis-en tout seul...je suis vieux, mais Dieu merci, je puis encore travailler... je retournerai à Lyon... là, je retrouverai ma petite place de commis... et le pain que je mangerai... le pain que je mangerai, je l'aurai gagné! et on ne me le reprochera pas; entends-tu, Richard? on ne me le reprochera pas? Viens, Martial, monte à ta chambre, fais ta malle... dépêche-toi.

MARTIAL.

Oui, père, oui, vous avez raison.

RAYMOND.

Va, va. (Martial sort par une porte latérale de gauche. Se rapprochant de Richard.) Quant à moi, ce ne sera pas long... ce ne sera pas long...

RICHARD.

Ce sera quand vous voudrez...

RAYMOND.

Ce sera tout de suite.

Air : Ce que j'éprouve en vous voyant.

A l'instant, oui, je vais partir,
Car ici, je n'ai plus de frère ;
Eh! que m'importe la misère,
Ce mot-là ne fait pas rougir,
Et ta pitié me fait rougir.
Un bienfait que l'amitié donne
En vous pressant entre ses bras,
Un bienfait qu'elle offre tout bas,
On l'accepte, mais une aumône,
Je n'en veux pas, je n'en veux pas,
Garde ton or, je n'en veux pas,
De ta pitié! je n'en veux pas.

Adieu!..   (Il sort dans la plus grande émotion. Caroline le suit en pleurant.)

SCENE XIII.

RICHARD, seul ; après s'être promené quelque temps sans rien dire.

Hé bien! qu'ils partent!.. je vivrai seul, tant mieux!.. je n'aurai plus autour de moi d'éternels sujets de discussions et de disputes... on ne me tourmentera plus peut-être... on ne se fera plus un malin plaisir de me contredire sans cesse et de m'irriter les nerfs au point de me rendre fou. Quand ils m'ont bien mis en colère, oh! alors ils sont heureux, ils triomphent!..et au lieu de chercher à me calmer, ils m'exaspèrent davantage...

les ingrats!.. oui, ingrats et méchans, car, en refusant mes secours, ils savent tout le mal qu'ils me feront... me quitter... aujourd'hui... quand je ne songeais qu'à leur bonheur... quand je venais par cet acte, d'assurer à jamais leur avenir !.. C'est qu'il le fera comme il l'a dit... ce Raymond, avec son air apathique, une fois qu'il se met à avoir du caractère, ça n'en finit plus... (Il s'assied comme accablé.) J'étouffe, je n'en puis plus, je souffre !

SCÈNE XIV.
RICHARD, CHARLETTE.

CHARLETTE, entrant avec précaution.

Allons, allons, du courage... je viens de voir Lambert, et puisque monsieur refuse son consentement, nous nous en passerons... je vas demander mon compte, et tout sera dit. (Elle tousse.) Hum... hum... monsieur.

RICHARD, se levant et brusquement.

Ah! c'est vous... ma robe de chambre, mon tire-bottes, mes pantoufles?

CHARLETTE.

Oui, monsieur.

(Elle entre un moment dans la chambre de gauche, au premier plan.)

RICHARD, se promenant à grands pas.

Ah! monsieur mon frère veut faire l'homme fort!.. nous verrons, nous verrons... (Il frappe fortement du pied et paraît s'être fait mal; criant.) Hé bien! ces pantoufles?

CHARLETTE, apportant ce que Richard a demandé.

Voilà, monsieur.

RICHARD.

C'est heureux... (Il ôte ses bottes et met ses pantoufles ; pendant cette opération, il est masqué par la table ou un fauteuil.) Vous renverrez ces bottes à votre monsieur Lambert, elles sont trop étroites, elles m'ont blessé depuis ce matin. (Il ôte son habit qu'il donne à Charlette et met sa robe de chambre.) Cet habit aussi me gêne et m'oppresse... vous le rendrez au tailleur.

(Il s'assied, s'étend dans un fauteuil, passe sa main sur son front, et semble renaître.

CHARLETTE.

Oui, monsieur. (A part.) Voyons, demandons-lui... c'est drôle...ça me fait un effet...après tout, je suis dans mon droit : reportons d'abord tout ça en place. (Elle va serrer les effets de Richard.)

RICHARD.

Enfin... je respire !.. c'est bon d'être à son aise !.. au diable le métier de solliciteur... quelle corvée!.. et cela pour échouer... c'était bien la peine... après tout, une place dans un ministère, ça n'a rien de stable...

CHARLETTE, rentrant et à part.

Voyons, faut pourtant que je prenne ça sur moi.

RICHARD, doucement.

Que veux-tu, Charlette?

CHARLETTE, timidement.

Monsieur, c'est quelque chose que je voudrais vous dire...

RICHARD.

Hé bien! parle, n'as-tu pas peur?

CHARLETTE, à part.

Comme il est radouci, v'là que j' n'ose plus.

RICHARD.

C'est donc quelque chose de bien important?

CHARLETTE.

Dame, oui, monsieur, quand on est dans une bonne place, ça fait toujours de la peine de la quitter.

RICHARD.

De la quitter?.. pourquoi cela?.. est-ce que je t'ai renvoyée...

CHARLETTE.

Non, monsieur, mais... c'est moi... qui voudrais... m'en aller...

RICHARD, tristement.

Ah! toi aussi.

CHARLETTE.

Parce qu'étant d'un âge raisonnable, et ne voulant pas rester fille toute ma vie...

RICHARD.

Je comprends, c'est parce que je t'ai défendu de voir Lambert?

CHARLETTE.

Oui, monsieur... et puis quand on est honnête, qu'on fait son devoir, et qu'on est rudoyée comme monsieur l'a fait tout-à-l'heure... ça affecte.

RICHARD.

Allons, c'est bon; je ne reçois pas tes raisons... tu ne t'en iras pas... j'augmente tes gages, et quant à Lambert, tu peux lui dire de me venir voir... aujourd'hui même...

CHARLETTE.

Ah! monsieur, que vous êtes bon, prenez que je n'ai rien dit... j'en suis désolée...

RICHARD.

Bien, bien... où est Raymond.

CHARLETTE.

Il est dans sa chambre, monsieur.

RICHARD, lentement.

Ah!.. et... que fait-il?

CHARLETTE.

Il fait sa malle, ainsi que M. Martial.

RICHARD, qui a fait un mouvement.

Et Caroline, où est-elle?

CHARLETTE.

Dans le salon où elle pleure.

RICHARD.

Elle pleure!

CHARLETTE.

Elle s'était jetée au cou de M. Raymond, en le suppliant de ne pas partir... mais comme monsieur votre frère paraît bien décidé... c'est ça qui la chagrine.

RICHARD, après une pause.

Laisse-moi...

CHARLETTE.

Oui, monsieur.   (Elle sort.)

SCÈNE XV.

RICHARD, seul. Il se lève et se promène, puis **CAROLINE.**

Me quitter!.. ils vont me quitter!.. J'ai donc été bien injuste... oh! oui... leur faire sentir... ah! j'en rougis maintenant... et je comprends qu'ils veuillent s'éloigner de moi... parler ainsi... à un frère... Je l'entends, je crois, non, c'est Caroline... (Caroline entre et va vers son pupitre sans voir d'abord Richard.) Je n'ose l'interroger.

CAROLINE, apercevant Richard.

Ah! je ne vous avais pas vu...

RICHARD.

Est-ce que... tu quittes... Raymond?

CAROLINE, avec tristesse.

Oui.

RICHARD.

Et il se disposait... à... partir.

CAROLINE, essuyant une larme.

Oui, ils vont monter en voiture pour aller à la diligence.

RICHARD.

Et... est-ce lui... qui t'a envoyée vers moi?

CAROLINE.

Non, je venais pour prendre ce dessin que j'avais fait pour sa fête... car c'est aujourd'hui sa fête! (Pleurant.) Et comme il s'en va... je veux qu'il l'emporte avec lui... ce sera un souvenir... quand il sera loin de nous.

RICHARD, essuyant une larme.

Caroline, oh! je te réponds bien qu'il ne partira pas!

CAROLINE.

C'est en vain que vous espérez le retenir: j'ai fait pour cela, plus que vous ne pouvez croire... j'ai pris sur moi de dire que j'étais envoyée par vous auprès de lui, que vous reconnaissiez vos torts... que vous lui faisiez des excuses...

RICHARD.

Eh bien! qu'a-t-il répondu?

CAROLINE.

Que cela ne l'étonnait pas; mais que vous lui aviez ouvert les yeux sur sa position, qu'il ne pouvait plus vivre ainsi... et que rien au monde ne l'empêcherait de retourner à Lyon, où il veut reprendre sa place de quinze cents francs.

RICHARD.

En place!.. lui...

RAYMOND, dans la coulisse.

Martial?

MARTIAL, de l'autre côté.

Papa.

RAYMOND, id

Es-tu prêt?

MARTIAL, id.

Oui.

(Ils paraissent chacun de leur côté, dans un attirail de voyageur un peu ridicule, et portant chacun un sac de nuit.)

SCÈNE XVI.
CAROLINE, MARTIAL, RICHARD, RAYMOND.

RAYMOND, voyant son frère, à part.

C'est lui!..

MARTIAL, à part.

Elle est là!

RICHARD.

Raymond?

RAYMOND.

Hein?

RICHARD.

Tu m'en veux donc beaucoup?

RAYMOND.

Pourquoi me demander cela?

RICHARD, avec âme.

Raymond... si je te tendais la main?

RAYMOND, avec flegme.

Je la serrais avec plaisir... (Il lui prend la main.) Car il serait cruel d'emporter de la haine, en se quittant... pour ne jamais se revoir, peut-être.

RICHARD.

Ne jamais se revoir!.. est-ce que tu le pourras, toi?.. ne jamais se revoir!.. mais si je convenais de mes torts!.. si je te disais que j'ai été injuste envers toi?.. eh bien! oui, j'en conviens... oui, j'ai été injuste... je me suis oublié!

RICHARD, posant ses effets à terre.

Écoute-moi, Richard, écoute-moi bien... Une scène pénible vient d'avoir lieu; devenu calme, tu avoues tes torts; c'est bien agir; et j'étais sûr que tôt ou tard tu penserais ainsi. Mais après ce qui s'est passé, vois-tu, après ce que tu m'as dit, nous devons nous séparer... il faut que je parte, car à mon oreille résonneront toujours ces paroles poignantes : « Tu es à ma » charge!.. je te nourris, je t'héberge toi et ton fils... je vous fais l'aumône » à vous qui n'avez pas su faire fortune. » Oh! c'est affreux, vois-tu, d'avoir entendu de pareils reproches... c'est peut-être me montrer bien fier, moi, si pauvre... (Richard fait un mouvement.) Oui, je suis pauvre... et c'est pour cela que j'ai le droit d'être fier... cette hospitalité que tu m'avais donnée... je n'en veux plus... car j'en ai rougi... car tu m'as humilié... voilà pourquoi je pars... Tu m'as fait comprendre que lorsqu'on peut encore travailler, on ne doit pas mendier des secours... être à la charge des autres! adieu donc, frère; ta main, une dernière fois... que je la presse dans les miennes... souhaite-moi bon voyage, et Dieu fera le reste.

RICHARD, avec désespoir.

Raymond! Raymond!.. tu veux donc me déchirer le cœur?.. tu me hais donc?..

RAYMOND.

Non, car je suis offensé, et je te tends la main.

RICHARD.

Eh quoi! il ne me suffira pas d'avouer ma faute et d'en demander pardon...

RAYMOND, reprenant ses effets.

Je partirai malgré cela... je le dois... Adieu.

RICHARD.

Ainsi... tu m'abandonnes... tu me laisse seul, ici.

RAYMOND.

Seul, non... la bonne Caroline ne sera-t-elle pas là?

RICHARD.

Oui, elle sera là... éloignée de ton fils... de celui qu'elle aime... qui devait faire son bonheur.

MARTIAL.

Et qui doit y renoncer, maintenant.

RAYMOND.

Bien, Martial, très bien... Allons, partons...

RICHARD, leur barrant le passage avec force.

Eh bien! non, vous ne partirez pas...

RAYMOND.

C'est ce que nous verrons, par exemple!

RICHARD, les ramenant sur le devant.

Vous ne partirez pas!.. puisque mes larmes ne peuvent vous toucher... puisque vous voulez vivre loin de moi... séparons-nous; mais pour cela, il n'est pas besoin de vous éloigner... si quelqu'un doit quitter cette maison c'est moi, c'est moi seul.

RAYMOND et MARTIAL.

Que dit-il?

RICHARD.

Je veux bien passer à vos yeux pour un homme emporté, injuste, intraitable... mais pour un méchant, un égoïste... jamais!.. Vous voulez m'abandonner... me fuir, comme on fuit un tyran, n'est-ce pas?.. eh bien! si c'est moi qui trouble votre tranquillité, c'est à moi de vous céder la place, car, ici, je ne suis pas chez moi. (Mouvement d'étonnement. Il donne un papier à Raymond.) Je dis vrai... ce papier est un acte qui rend Martial Raymond seul propriétaire de cette maison; c'était mon cadeau de noce, en l'unissant à Caroline.

RAYMOND.

Mon fils!

MARTIAL.

Comment, moi? propri... ah!

RICHARD.

Vous le voyez, vous ne pouvez plus partir... vous êtes chez vous... (A Raymond.) Et c'est à moi maintenant, de te dire: «Frère, ta main une dernière fois... que je la serre dans les miennes... souhaite-moi bon voyage... et Dieu fera le reste.»

AIR : De votre bonté généreuse.

Puisqu'en ces lieux, je ne suis plus le maître,
Je vais partir, et quitter ce séjour,
Dans bien long-temps nous nous verrons peut-être,
De tous mes vœux, j'appellerai ce jour,
Ce doux espoir faut-il que je l'emporte,
Quand de mes torts vous me croirez absous,
Si, faible et vieux, je frappe à votre porte,
Répondez-moi, m'ouvrirez-vous?   (bis.)

(Pendant la dernière phrase et le couplet de Richard, Raymond laisse tomber son sac de nuit, ôte sa casquette, qu'il laisse aussi tomber. Il est très ému et dès que son frère a cessé de parler, il se jette dans ses bras, et l'embrasse à plusieurs reprises.)

RAYMOND.

Richard! Richard!.. mon frère!.. ce que tu fais pour mon fils... (A Martial.) Hé bien! Martial, tu ne viens pas l'embrasser!.. et toi aussi, Caroline!..

(Caroline va l'embrasser.)

MARTIAL, embrassant son oncle.

Oh!.. si... et de grand cœur... (A part.) J'ai retrouvé mon oncle.

RICHARD.

Tu ne veux donc plus me quitter?

MARTIAL.

Moi, jamais au grand jamais: je veux rester chez vous jusqu'à...

RICHARD.

C'est-à-dire chez toi.

MARTIAL.

Au fait, c'est vrai; puisque je suis propriétaire... dites donc, Caroline, je suis propriétaire.

CAROLINE.

Oh! ce n'est pas cela qui me rend heureuse.

MARTIAL.

C'est égal, ça ne nuit pas... me voilà électeur, juré: je paierai des contributions... je monterai ma garde... tous les bonheurs à la fois... je me ferai faire un cachet avec des moëllons.

RICHARD, à Raymond.

Ces chers enfans... nous leur avons fait bien peur... mais qu'avais-je donc dans la tête... pour tout bouleverser ainsi.

RAYMOND.

C'est vrai... à présent que tout est fini... on peut le demander ça... qu'est-ce que tu avais donc?

SCÈNE XVII.

Les Mêmes, LAMBERT et CHARLETTE.

LAMBERT.

C'est moi, M. Richard...

RICHARD, comme frappé d'une idée.

Ce que j'avais!.. oui, c'est cela!.. (Saisissant Lambert à la gorge.) C'est donc toi, butor, animal...

LAMBERT.

Monsieur, vous m'étranglez positivement.

RAYMOND, vivement.

Qu'y a-t-il?

CHARLETTE.

Débarrassez-le!

MARTIAL, voulant dégager Lambert.

Mon oncle!..

RICHARD.

Non, laissez-moi... c'est lui qui est cause de tout ce qui est arrivé.

LAMBERT.

Moi? et pourquoi, monsieur, et pourquoi?

RICHARD.

Tu me le demandes?

LAMBERT.

Je ne sais pas ce que j'ai pu faire à monsieur.

RICHARD, le lâchant.

Infâme maladroit!.. tu m'as fait des bottes trop étroites... voilà ce que tu m'as fait!

RAYMOND et MARTIAL.**

Comment, c'était ça?

RICHARD.

Et avec mon caractère irritable, il ne m'en a pas fallu davantage pour mettre tout en désordre dans la maison... aussi tu mériterais bien...

CHARLETTE.

Ah! monsieur, c'est pas lui seul qui serait puni.

RICHARD.

Tu as raison; d'ailleurs, tu as eu ta part de la bourrasque... ce que j'ai dit se fera... vous serez mariés.

LAMBERT.

Ah! M. Richard, à la première commande, je vous confectionnerai des bateaux...

CHOEUR GÉNÉRAL.

Air de la Cachucha.

Soyons tous contens,
Plus d'ennuis de voyage;
Puisqu'après l'orage
Arrive le beau temps.

* Caroline, Charlette, Martial, Lambert, Richard, Raymond.
** Lambert, Charlette, Caroline, Martial, Richard, Raymond.